Début d'une série de documents
en couleur

Couverture inférieure manquante

LES RÉSULTATS

DE LA

CONFÉRENCE DE LA HAYE

CONFÉRENCE

FAITE DEVANT LA SOCIÉTÉ DES AMIS DE L'UNIVERSITÉ DE LYON

le 14 janvier 1900

par M. D'ESTOURNELLES

LYON

A. STORCK ET Cⁱᵉ, IMPRIMEURS-ÉDITEURS

8, Rue de la Méditerranée, 8

1900

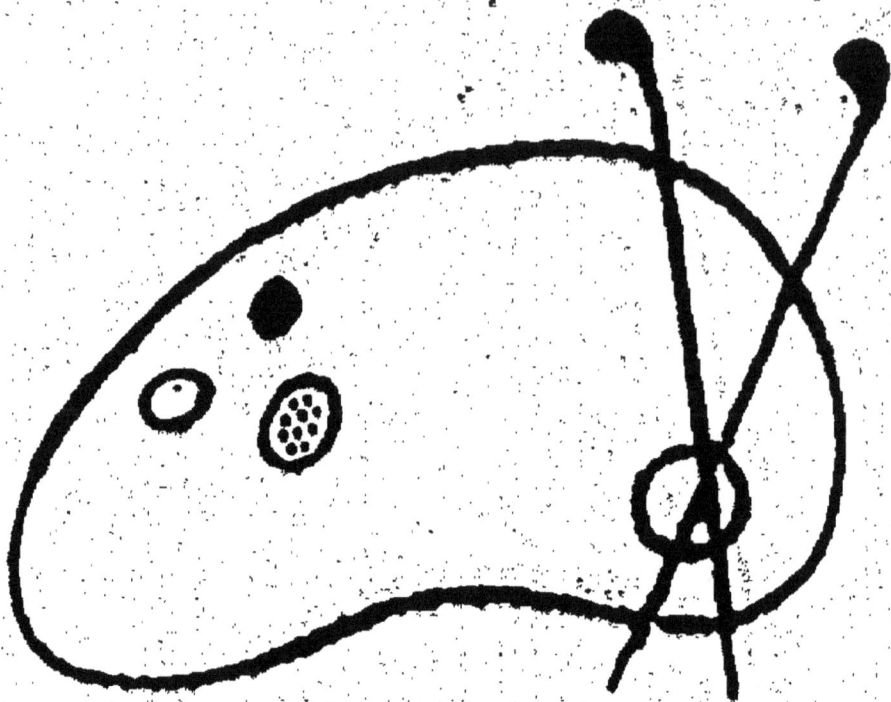

Fin d'une série de documents
en couleur

LES RÉSULTATS
DE LA CONFÉRENCE DE LA HAYE

CONFÉRENCE DE M. D'ESTOURNELLES
11 janvier 1900

MESSIEURS,

Je connais trop la modestie de votre honorable président et son rare mérite, j'ai trop d'estime pour sa personne, trop d'admiration pour son œuvre et les beaux exemples qu'il donne, pour venir, au début de cette conférence, lui décerner un compliment banal et traditionnel; je me bornerai à vous dire que je suis heureux, et en même temps très honoré, de prendre la parole sous sa présidence et sous le patronage de la Société des Amis de l'Université lyonnaise.

J'ai toutefois quelques scrupules: je me suis demandé si véritablement il était nécessaire de venir faire à Lyon ma conférence, dans cette ville patriotique par excellence; je me suis demandé si une cause aussi généreuse et aussi raisonnable que celle de la paix n'était pas ici gagnée d'avance, et si je n'apportais pas, comme on dit, de l'eau à la rivière. J'ai exposé mes scrupules à votre président, M. Mangini : Faites toujours votre conférence, m'a-t-il dit, ce n'est pas la première fois que nous verrions prêcher des convertis ; si nous sommes de votre opinion, vous confirmerez notre foi et vous nous fournirez des arguments nouveaux qui nous permettront à notre tour de faire des conversions.

Je me suis rendu à cette réponse et je vous apporte, Mesdames et Messieurs, des arguments et des faits à l'appui de la propagande de la paix.

Je voudrais vous faire connaître sommairement, mais aussi très fidèlement, ce qui s'est fait à cette conférence de la Paix, méconnue pour toutes sortes de raisons et particulièrement parce que nous subissions alors une crise intérieure aiguë dont le foyer était en France, mais qui a passionné le monde entier. La presse ne s'est guère occupée de ce qui s'est passé à La Haye; il ne faut pourtant pas être injuste; elle a rendu compte de nos dîners, de nos réceptions, mais quant à nos travaux, elle a trouvé plus simple de s'en moquer que d'en rendre compte; elle avait son excuse, les circonstances atténuantes que je viens de vous dire ; mais qu'elle me permette d'ajouter que sans cette excuse, elle aurait singulièrement manqué à son rôle et aussi à son intérêt, car quoi qu'on puisse penser d'après des manifestations superficielles, il n'y a pas de question au monde et dans tous les pays qui intéresse plus le public que celle de la paix ; il n'y en a pas qui ait une répercussion plus profonde dans toutes les populations quelles qu'elles soient. La presse aurait pu s'en occuper davantage, elle l'aurait dû, car tout le monde, depuis le plus riche industriel jusqu'au modeste ouvrier et au paysan, comprend dès aujourd'hui qu'il n'y a pas d'avenir possible, pas même de lendemain si la paix n'est pas assurée; pas de développement pour les arts, pour les sciences, l'industrie, le commerce et l'agriculture; tout languit, tout est paralysé si on ne peut compter que sur une paix précaire.

C'est ce que vous avez compris, Messieurs et vous aussi Mesdames, en venant si nombreux pour écouter une conférence qui d'après le titre, tout au moins, pouvait paraître assez ingrate. Je vous en sais un gré tout particulier, étant donné surtout que la température n'est pas clémente ; vous avez compris qu'il s'agissait de ce que vous avez de plus cher au monde, de votre foyer, de vos enfants, de l'avenir de la patrie.

Mais je ne voudrais pas laisser naître une équivoque ; en m'adressant aux mères et aux jeunes gens, ne croyez pas que je veuille tenir ici un langage déprimant, que je vienne me faire l'avocat d'une vie facile et oisive ; si telle avait été mon intention, j'aurais cru vous faire injure. Non, je viens vous tenir un langage viril et bien français.

Quand je viens vous dire que je suis hostile à la guerre, c'est, il va sans dire, à toute guerre injuste. La guerre défensive, nous la jugeons tous et toutes avec un seul et même esprit; c'est à cet esprit que s'applique le mot de patriotisme. Oui, cette guerre nous la jugeons tous de même, sans qu'il soit besoin de grandes protestations et de paroles sonores, tous vous seriez prêts à verser jusqu'à la dernière goutte de votre sang pour la défense du territoire. Non, je ne veux pas tenir aux jeunes gens, ni aux mères, ni à personne, un langage déprimant et si j'ai entrepris cette propagande ingrate, c'est au contraire pour faire appel à toute l'énergie de notre jeunesse, parce qu'elle a devant elle un avenir bien sombre, et parce qu'elle doit, sans perdre un instant, s'armer pour lutter.

Quand j'ai fait, en 1893, ce brusque saut de la diplomatie à la Chambre des députés, un saut, je peux le dire, très périlleux et très désagréable, ce n'est pas certes pour mon plaisir mais pour avoir la liberté et la grande satisfaction de pouvoir dire ce que j'avais sur le cœur et ce que je croyais utile.

Mon premier acte fut de publier, dans la *Revue des Deux Mondes* et ailleurs, une série d'articles, et d'entreprendre une tournée de conférences pour démontrer qu'il ne fallait pas nous laisser surprendre par le péril de la concurrence d'outre-mer, péril qui menace la production française et européenne et qui vient de ces mondes nouveaux, l'Amérique, le Cap, l'Australie, l'extrême Orient. Il y a quelques années, vingt ou trente ans à peine, quand on parlait en France de ces pays d'outre-mer, il semblait qu'il n'y eût rien à redouter d'eux; peut-être devrais-je faire exception cependant pour le commerce lyonnais qui a toujours été particulièrement clairvoyant. Mais avec les progrès de la science, l'Océan a changé de nature : au lieu d'être un obstacle, il est devenu un grand chemin; et voilà que nous nous sentons maintenant investis et comme emprisonnés dans un cercle qui va se resserrant tous les jours et qui est le cercle de ces rivaux lointains, exempts des charges qui pèsent sur nous : le triple fardeau d'un vieil outillage que nous ne pouvons pas renouveler du jour au lendemain, de nos dettes accumulées et de nos charges militaires.

Il est indispensable que les générations nouvelles s'arment contre ce péril, et non seulement en France, mais dans toute l'Europe et c'est pourquoi je prévois non seulement la paix européenne mais une période peut-être moins éloignée qu'on ne pense où l'union s'imposera; je crois que les différents États de l'Europe seront obligés de mettre en commun les forces de résistance qu'ils avaient pu jusqu'à présent impunément opposer les unes aux autres : ils devront arriver bon gré mal gré, par des concessions réciproques, à des accords durables, honorables, acceptables pour tous.

Voilà pourquoi j'ai pensé que la France devait répondre à l'invitation de l'empereur Nicolas et se rendre à la conférence de La Haye; voilà pourquoi je pense qu'il est utile pour vous de connaître les résultats de cette conférence.

Les résultats de la conférence! Ces seuls mots, il me semble, vous font sourire et vous allez me répondre que le premier de ces résultats c'est la guerre du Transvaal; certes, ce n'est pas un résultat, mais c'est un lendemain d'autant plus triste pour tous les membres de la conférence que, je vous l'assure, nous avons participé d'un commun accord à cette grande œuvre avec un profond désir de bien faire et d'aboutir. Vous pensez donc quels ont été notre déception et notre chagrin, quand quelques semaines après nous être séparés, nous avons vu éclater la guerre que nous voulions prévenir (bien que nous n'ayons jamais eu le chimérique espoir de l'empêcher à tout jamais), et dans quelles conditions? avec quel raffinement d'inconscience et d'injustice.

D'ordinaire, ces expéditions lointaines, comment s'accomplissent-elles? il y a généralement un motif ou un prétexte que les grandes puissances mettent en avant, celui de la civilisation; il s'agit de civiliser des peaux-rouges, des nègres, des jaunes: mais là, on ne pouvait rien dire de semblable. Vous avez en présence deux peuples les Anglais et les Boers: les Boers qui, bien loin d'être sauvages, ont tant de titres à la sympathie de tout le monde civilisé. Ce n'est pas seulement un peuple civilisé, c'est un peuple civilisateur; les Boers ont été au premier rang parmi les pionniers de la civilisation; il est évidemment par trop cruel et par trop ironique de les voir récompenser de telle façon, et par qui, par quelle nation? Je ne suis pas de ceux qui veulent profiter des embarras d'un voisin pour l'accabler de critiques, mais, nous avons le droit de nous étonner, de nous révolter, quand nous voyons que ce voisin, c'est précisément la grande Angleterre, ce peuple qui se vantait de donner à l'Europe et particulièrement à la France des leçons d'équité, de générosité, et il faut le dire aussi, des exemples de libéralisme. Bien des fois nous avons vu l'Angleterre soutenir avec nous de bonnes et belles causes; elle a marché à nos côtés pour les Grecs contre les Turcs; avec nous l'Angleterre a tiré, à Navarin, le premier coup de canon contre la tyrannie ottomane. C'était le temps où lord Byron adressait aux Grecs cet ardent encouragement, cet appel, dans les vers du *Giaour* que vous connaissez: « Luttez, luttez, préférez la mort à la honte; la cause de l'indépendance finit toujours par triompher. » Cet appel aujourd'hui se retourne contre l'Angleterre, il s'adresse aux Boers et ne semble-t-il pas que la prophétie du poète se réalise? Bien loin de voir dans la

guerre du Transvaal un sanglant démenti donné aux promesses de la
conférence de la paix, j'y vois une circonstance qui, si triste qu'elle
soit, sera favorable aux idées pacifiques parce qu'elle soulève dans les
consciences une telle révolte que l'idée de la guerre elle-même y
perdra de plus en plus de son prestige, parce qu'elle oblige tout le
monde à regretter que la conférence de la paix n'ait pu éviter cette
conflagration. Et pourquoi la conférence de la paix n'a-t-elle pu
éviter la guerre du Transvaal? C'est à cela que je dois d'abord
répondre. Il ne faut pas que vous croyez que cette bonne action ait
été gâtée par une faiblesse. Pourquoi à La Haye n'avons-nous pas
pu empêcher la guerre du Transvaal? tout simplement parce que ce
n'était pas possible, parce qu'elle était inévitable et peut-être décidée
avant la conférence. Elle a été décidée en réalité le jour où le
Transvaal s'étant adressé à la Russie qui venait de provoquer la
réunion du congrès et à la Hollande chargée de faire les invitations, à
deux États peu suspects de partialité, a vu sa demande repoussée,
pourquoi? parce que le gouvernement du Transvaal se trouve dans
une situation diplomatique assez mal définie, qu'il est dans une
sorte de dépendance par rapport à l'Angleterre, tout au moins au
point de vue diplomatique.

Mais admettons pour un instant que la Russie et la Hollande
passant outre aient cru devoir quand même inviter le Transvaal, que
se serait-il passé? L'Angleterre, voyant qu'on ne tenait pas compte
de ses objections, ne serait pas venue et avec elle se seraient abstenues
d'autres puissances parmi celles qui se firent représenter avec
enthousiasme au congrès, de sorte que le Transvaal aurait bien été
invité, mais il serait venu tout seul. La conférence n'aurait pas eu
lieu.

Si vous nous reprochez, cependant, de nous être montrés trop durs,
pour être conséquents il faudrait aussi blâmer notre rigueur à l'égard
de bien d'autres peuples: il faudrait nous reprocher de ne pas avoir
pris le parti de tous ceux qui s'adressèrent à nous: le parti de l'Irlande
contre l'Angleterre, de la Finlande contre la Russie, des Philippines
contre l'Amérique et surtout des Arméniens contre les Turcs. Combien
de suppliques des Arméniens avons-nous reçues? vous connaissez
tous, ici, les souffrances de ces malheureux, vous savez que c'est par
centaines de mille qu'ils sont massacrés non pas dans un jour affreux
d'entraînement par une foule fanatique, irresponsable, mais sur un
mot d'ordre systématiquement donné par un souverain, par ce despote
abominable, le Sultan, trop justement nommé le grand assassin!
Hélas! la conférence de la paix, sous peine de se perdre dans un

dédale de manifestations qui auraient dégénéré en attendrissement stérile, ne pouvait pas consacrer ses efforts au soulagement de toutes les injustices et de toutes les infortunes humaines. On se figure que la diplomatie et la politique obéissent à des règles spéciales distinctes de celles qui dirigent notre existence habituelle; non, la vie politique et la vie privée sont soumises aux mêmes lois, aux mêmes nécessités. Le monde politique et les hommes politiques se heurtent aux mêmes difficultés que vous-mêmes. Que faisons-nous quand, passant dans un quartier misérable, nous assistons à un spectacle lamentable, que nous voyons des choses qui font froid au cœur et qui ne devraient pas exister? Beaucoup d'entre nous passent, absorbés par leur préoccupations ou leur égoïsme, sans même y prendre garde; les autres, les meilleurs, sont obligés de détourner la tête en rougissant de leur impuissance. Il en est de même dans la politique. Les hommes d'État comme les autres doivent s'incliner devant la rigueur de cet axiome trop connu et trop juste : La raison n'est pas toute-puissante, elle supporte les injustices qu'elle ne peut pas empêcher. Oui, la conférence de la paix a dû supporter bien des injustices, mais pourquoi? parce qu'elle ne voulait pas se laisser détourner de son but, qui était étroit, limité et qu'il faut définir ainsi: combattre la guerre, la rendre non pas impossible, ce serait un rêve, mais de plus en plus rare, de plus en plus difficile. Ce but a-t-il été atteint? Oui, et ne dites pas que c'est un but insignifiant ou misérable : un pas énorme a été franchi quand on pense que depuis cinq à six mille ans, le monde s'agite en vaines plaintes et que pour la première fois les gouvernements acceptant, confirmant ces plaintes, en on fait enfin une protestation publique, officielle contre la guerre.

Maintenant, voyons les résultats. Le premier, je le regarde comme considérable, bien qu'il puisse vous faire sourire, c'est que nous ne nous sommes pas disputés. Pensez donc, nous étions les représentants de vingt-six États du monde entier, c'est-à-dire, à cinq ou six pour chaque État, une centaine de représentants, parmi lesquels des Chinois, des Japonais, des Siamois, des Mexicains, des Turcs, etc. Il y avait beaucoup de chances pour que cette fameuse conférence de la paix aboutisse au chaos, et devienne une nouvelle tour de Babel. Il n'en a pas été ainsi : pourquoi? parce que la France existe; les représentants de ces vingt-six États ont adopté le français comme langue commune, c'est en français qu'ont été rédigés les rapports et les procès-verbaux.

Quand une réunion internationale, non seulement européenne, mais universelle, a la bonne fortune d'avoir trouvé un vocabulaire commun, les choses déjà se simplifient; mais il y a plus et cela pour moi a une importance considérable : je ne crois pas toujours en politique aux soi-disant compétences et aux grandes situations, mais une chose à laquelle je crois de plus en plus, c'est à la toute-puissance des bonnes volontés. A La Haye, c'est la bonne volonté qui a fini par régner et par triompher; nous sommes tous arrivés imbus de nos préoccupations et de nos obligations nationales; animés d'une défiance assez naturelle à l'égard les uns des autres, mais après une semaine à peine nous comprenions que si nous appartenions chacun, bien entendu, à notre pays que nous aimions et que nous étions disposés à servir passionnément, en revanche nous apparte-nions tous ensemble à un autre pays que nous n'aimions pas moins et envers lequel nous sentions que nous avions aussi des devoirs : nous appartenions à l'humanité.

Cette découverte faite, une fois la langue française adoptée comme langage commun, nous avons eu à nous occuper d'un programme; on pouvait encore ne pas s'entendre; sa composition n'a pas fait l'ombre d'une difficulté. En quelques séances, nous avons pu répartir les membres du Congrès en autant de commissions qu'il y avait de questions à discuter : question du désarmement proprement dite, question d'humanité et question d'arbitrage.

Ainsi, il y eut d'abord une commission de désarmement, puis une commission des actes de Bruxelles et de Genève, et enfin une troisième commission, celle de l'arbitrage.

Parlons d'abord de la commission de désarmement, très briève-ment; de ce côté nous ne pouvions faire ni les uns ni les autres un grand pas en avant; personne ne voulait commettre l'imprudence de donner l'exemple du désarmement; il fallait d'abord organiser une paix durable. Aussi cette commission risquait d'aboutir à un avor-tement misérable, au chaos, au néant, lorsque, heureusement, un plénipotentiaire, voyant l'embarras de la commission et les consé-quences qui en résulteraient pour tous les représentants et pour tous les gouvernements, proposa un vœu qui réunit tous les suffrages. Je suis heureux de dire que cette proposition émana de notre premier délégué, M. Léon Bourgeois. « La conférence, disait ce vœu, considère que la limitation progressive des armements qui pèsent actuellement sur le monde est grandement désirable pour l'accroissement du bien-être moral et matériel de l'humanité ... » Ce vœu fut adopté à l'unani-mité, par acclamation. Vous me direz : ce n'est qu'un vœu, soit, mais c'est un vœu officiel exprimé par tous les gouvernements. Quand on pense que c'est la consécration de ce qu'il y a six mois on traitait de folie, je dis que ce vœu a une importance considérable et que les peuples ne manqueront pas d'en tirer par la suite toute la portée.

La deuxième commission était celle des actes de Bruxelles et de Genève, on ne saurait trop lui rendre hommage ; elle a travaillé avec modestie, mais elle a obtenu des résultats extrêmement appréciables. Elle vise le cas où, la guerre étant inévitable, il faut tâcher du moins de la rendre le moins barbare et le moins cruelle possible.

Vous connaissez de nom l'institution de la Croix-Rouge qui a permis de porter secours aux blessés dans les guerres sur terre ; cette convention n'avait pas prévu la guerre maritime, rare à cette époque. Elle est devenue plus fréquente à mesure que les progrès scientifiques se sont multipliés. Des guerres maritimes ont éclaté entre l'Autriche et l'Italie, le Chili et le Pérou, la Chine et le Japon, l'Espagne et l'Amérique.

Il était donc indispensable d'appliquer aux guerres maritimes les mêmes règlements qu'aux guerres terrestres ; c'est ce qu'a fait la deuxième commission dans une convention spéciale. En outre, elle a formulé un certain nombre de règles recommandées à l'adoption de toutes les nations concernant les lois et coutumes de la guerre. Elle a défini la situation des volontaires, des milices, elle a réglé le sort des prisonniers, des blessés, des espions, des transfuges et des parlementaires, elle a assuré toute la protection possible aux habitations particulières, aux hospices, aux églises, aux musées. Elle a proscrit les cruautés inutiles, l'empoisonnement des puits, l'incendie, le vol ; c'est ce qu'on a appelé en d'autres termes, d'un mot barbare mais expressif : *l'humanisation* de la guerre. Mais j'arrive à l'œuvre de la troisième commission dite commission de l'arbitrage ; cette commission a abouti à une convention intitulée : Convention pour la solution pacifique des conflits internationaux.

Il y a plusieurs moyens de régler pacifiquement les conflits internationaux : il y a d'abord les moyens diplomatiques, les vieux moyens. Par une erreur assez répandue, on croit que la diplomatie a fait son temps, qu'avec le télégraphe, le téléphone, les gouvernements pourront causer entre eux directement. Ils ne feront pas de sitôt cette expérience ; je crois au contraire que les diplomates seront de plus en plus utiles et auront des responsabilités de plus en plus graves. Je suis convaincu que le diplomate qui osera s'interposer entre deux gouvernements pourra, à lui seul, rendre plus de services que tous les tribunaux possibles. Mais si, malgré tout, le conflit naît, alors intervient le premier moyen. La convention de La Haye prévoit que ce ne sera pas une ingérence, ni une intrusion, que ce sera au contraire un acte amical que d'offrir ses bons offices, sa médiation aux deux États en conflit. Les Américains, qui ont apporté à la conférence de La Haye une note très personnelle, très originale, nous ont fait une proposition que nous avons acceptée et qui est très ingénieuse : Vous avez en Europe, nous ont-ils dit, une coutume que nous n'approuvons pas et que vous observez entre particuliers, c'est la coutume du duel. Si deux personnes, avant de se battre, constituent des témoins, pourquoi deux nations ne feraient-elles pas de même ; empruntons au duel la seule chose qu'il ait de bon : les *témoins*. Le délégué américain nous a alors soumis tout un système qui invite les gouvernements, au moment où un conflit sanglant est sur le point d'éclater, à constituer leurs témoins et à leur abandonner le règlement de toute l'affaire. Que ce soit ce genre de médiation ou la médiation ordinaire, il est certain que nous avons réalisé déjà un progrès, en considérant et en définissant l'offre de la médiation comme un *acte amical*. En dehors de la médiation il y a d'autres moyens de pacification, il y a les commissions d'enquête. Trop souvent vous voyez des conflits éclater à la suite d'un incident de frontière, vous avez encore souvenir de la triste affaire Schnœbelé ; on peut dire que les deux peuples sont à la merci de quelques reporters qui, avec la meilleure foi du monde, lancent une nouvelle inexacte ou grossière ; ils se passionnent, font de l'incident un récit dramatique et perdent de vue toute proportion ; l'opinion, si elle n'est pas renseignée, s'énerve avec eux ; une commission d'enquête instituée permettra de mettre les choses au point : aussitôt qu'un incident de cette nature éclatera, les gouvernements nommeront une commission qui se réunira sur les lieux non pas pour rendre un jugement, mais pour faire un rapport, et vous pensez bien que ce rapport sera un acheminement tout naturel à l'arbitrage.

L'arbitrage est le principal résultat de la conférence de La Haye. Jusqu'ici on avait vu souvent un arbitrage, mais cet arbitrage était extrêmement difficile à constituer. Quand un conflit éclatait entre deux pays, voyez l'exemple des États-Unis et de l'Espagne, tout de suite les choses prenaient une telle gravité qu'on n'avait pas la possibilité ni le temps de constituer un tribunal arbitral ; il faut trouver les arbitres, les réunir ; c'était matériellement une opération assez compliquée à laquelle les États n'avaient ni la liberté ni le temps de recourir. Et faute de temps pour la prévenir, la guerre éclatait.

C'est pourquoi nous avons décidé de créer à La Haye un tribunal permanent d'arbitrage. Seulement il était extrêmement difficile de l'organiser; tout le monde en effet fera cette objection : comment empêcher que les juges de ce tribunal ne soient suspects ? Au bout d'un an, deux ans, trois ans, comment empêcher qu'on ne dise : Celui-là est acquis à l'Allemagne, celui-ci est Anglais, celui-ci est Américain ou Français, de sorte que nous aurions bien pu installer un tribunal permanent, mais personne ne s'y serait rendu, car on ne peut pas prendre une nation au collet et la traîner devant un tribunal. Il n'y a pas de gendarmerie qui puisse assurer la sanction des accords internationaux. Il fallait donc trouver d'abord un moyen qui garantisse aux yeux des gouvernements et des peuples l'impartialité des juges. Nous avons décidé que chaque pays nomme-rait quatre personnes réputées parmi les plus autorisées et dont le jugement ne pourrait être discuté par personne. Chaque pays envoie la liste de ces quatre personnes au greffe du tribunal de La Haye. On compose ainsi une liste d'environ cent cinquante membres. Le jour où il survient un conflit, les deux nations qui sont à la veille de se battre pourront choisir sur cette liste deux membres chacune, deux arbitres qui iront aussitôt se réunir à La Haye et choisiront eux-mêmes leur président. Le tribunal sera ainsi constitué presque sur l'heure et avec des juges que chaque puissance a pour ainsi dire sous la main et que personne cependant ne pourrait suspecter puisqu'on ne pouvait pas savoir la veille s'ils seraient juges et puisqu'ils auront été de part et d'autre librement choisis.

Il y a donc là une garantie sérieuse donnée aux peuples, et les gouvernements n'auront aucune excuse, aucun prétexte même à invoquer pour refuser d'en appeler au tribunal de La Haye. Cepen-dant, je vois qu'il y a parmi vous encore un peu d'incrédulité. Vous êtes dans l'état d'esprit où nous étions nous-mêmes à la conférence de La Haye quand nous avons fait cette belle découverte; nous étions très satisfaits sur le moment, puis nous nous sommes dit que ce projet ne pouvait bien exister que sur le papier, et que, en réalité, aucune puissance ne voudrait prendre la responsabilité de faire appel à l'arbitrage dans les cas vraiment graves, soit parce qu'elle serait la plus forte, soit parce qu'elle ne voudrait pas avouer sa faiblesse. Ne valait-il pas mieux dès lors ne rien faire que de donner des illusions et aboutir à des déceptions. Grande était notre perplexité. Nous avons cherché le moyen d'obliger moralement les puissances à recourir à l'arbitrage et de les empêcher tout au moins de s'y dérober. Nous avons fini par trouver et je crois que nous avons réalisé une innovation considérable par sa portée, comme par le mot qui l'exprime. Nous avons introduit dans la convention le mot et l'idée de devoir. Nous avons fait adopter l'article suivant (cette proposition est exclusivement française, c'est à la France qu'en revient toute la responsabilité, et je peux dire aujourd'hui, tout l'honneur) :

« Art. 27. — Les puissances considèrent comme un devoir dans le cas où un conflit aigu menacerait d'éclater entre deux ou plusieurs d'entre elles de rappeler à celles-ci que la cour permanente d'arbitrage leur est ouverte. »

Vous me direz que ce n'est qu'une obligation morale ; mais voyez quelle est la force de cette obligation ; sans ce mot devoir, sans ce devoir imposé aux puissances et reconnu par toutes, notre tribunal était mort-né. Tandis que ce mot devoir lui donnera la vie, la durée, lui ouvre l'avenir.

Supposons en effet qu'aujourd'hui, ou du moins le jour où toutes les formalités remplies, le tribunal de La Haye étant enfin organisé, un conflit éclate entre la France et l'Espagne (je prends une hypothèse invraisemblable), les puissances qui ont signé cet article 27 écriraient aux gouvernements des deux pays : Notre devoir est de vous rappeler qu'il existe un tribunal d'arbitrage. Alors les deux gouvernements, au lieu d'avoir à demander l'arbitrage, seraient obligés de le refuser, ce qui est tout différent, car le refuser, ce serait reconnaître que votre cause est mauvaise ; ce serait se mettre dans une fâcheuse posture au regard du monde et devant l'opinion nationale elle-même. Cette obligation morale est donc une véritable obligation ; elle rendra impossible la situation du gouvernement qui voudrait se jeter dans une guerre injuste et préférer cette guerre à l'arbitrage.

Tels sont, Mesdames et Messieurs, très sommairement, les principaux résultats de la conférence de la paix ; j'aurais pu vous en citer beaucoup d'autres, mais je n'ai voulu vous faire connaître que les principaux. Ne dites pas que tout cela est chimérique, rêvé, nuageux, ne le croyez pas ; non, ces résultats sont au contraire de l'ordre le plus pratique, le plus solide ; ils constituent un germe, et ce germe, il faut lui laisser le temps de se développer, de produire ses fruits. Mais jugez vous-mêmes, je veux vous faire passer par mes incertitudes, par mes doutes, et vous verrez si je vous parle en hommes d'affaires ou en poète. A Lyon vous êtes de bons juges ; vous verrez s'il est possible que peu à peu notre tribunal arbitral ne soit pas fréquenté et que la guerre ne devienne pas, avec le temps, démodée et impopulaire autant qu'elle fut jadis entourée de prestige.

Au cours de nos travaux, j'ai passé moi-même par des périodes de scepticisme et de découragement. Je me rappelle qu'un soir, après une longue et chaude discussion, j'étais allé me promener seul aux

environs de La Haye, à Schéveningue, sur la plage. Depuis plusieurs
jours la tempête faisait rage sur le pays; la mer était démontée,
déchaînée; du fracas des vagues une telle fumée montait qu'elle
cachait le ciel; l'horizon s'était rapproché, la mer semblait sortir d'une
caverne sombre et se précipitait sur la plage comme si elle voulait
tout submerger, tout inonder, tout engloutir. Et, j'étais là, chétif,
devant ce spectacle, quand j'avisai non loin de moi une barque tirée
à sec sur le rivage et dans laquelle un pêcheur préparait tranquil-
lement ses filets pour le lendemain...

Je m'éloignai pensif et, en traversant les dunes, je heurtai du pied
ces petits ajoncs plantés par la main patiente des Hollandais, forêt
minuscule qui suffit à fixer le sol mouvant et protège le pays contre
la rage de la tempête et de l'Océan.

Eh quoi, me dis-je, l'homme a pu dompter l'Océan, et il ne pourrait
pas se dompter lui-même. Tant d'efforts pendant tant de siècles,
tant de sacrifices, auraient été faits en pure perte, pour aboutir à la
faillite de la raison, de la sagesse, de la bonté, pour aboutir à l'apothéose
de la force de la guerre! Non, ce n'est pas possible, et ne croyez
pas que cette conviction, encore une fois, soit celle d'un rêveur, non,
c'est celle de la réflexion, de l'expérience. En revenant de La Haye,
j'ai voulu me rendre un compte exact de ce que nous avions fait. Et
pour cela j'ai pris pour juge, pour miroir l'opinion : je suis allé dans
mon pays natal, de village en village, parlant à qui venait m'entendre,
et ils étaient nombreux ceux-là, sans distinction de classe, riches ou
pauvres, agriculteurs, industriels, commerçants, ouvriers, paysans;
je leur ai raconté simplement comme aujourd'hui ce que je viens de
vous résumer. Un jour que je disais mes espérances et mes inquié-
tudes à des paysans que je connaissais hommes de patience et
de bons sens, l'un deux répondit : « Ne soyez pas inquiet, Monsieur
d'Estournelles, tout cela se fera comme le reste; mesurez donc ce
qui s'est passé depuis quarante ans; que faisaient alors les jeunes
gens de deux villages voisins quand ils se rencontraient; était-ce pour
s'embrasser ou pour se battre ? ils se battaient. Eh bien, aujourd'hui
vous les voyez qui font partie de sociétés de musique, de secours
mutuels, d'associations diverses, vous les voyez fraterniser. Quand il
y a des querelles, ils vont devant le juge de paix, au tribunal
d'arrondissement, et rarement les choses se terminent par la
violence.

Voilà ce que disait ce paysan : il avait raison. Il constatait l'effet
plus ou moins lent mais certain du progrès, de la diffusion de l'ensei-
gnement, de la suppression des distances, etc., or le progrès suivra

son cours ; il ne peut en être autrement. Les mêmes lois, les mêmes
mœurs, qui ont pu apaiser les fureurs humaines dans l'étroite limite
d'un canton ou d'un département finiront par arrêter les armées sur
toute la surface de la terre ; mais à une condition ; je vous ai dit ce
que nous avions fait à La Haye, laissez moi vous dire en terminant ce
qu'il vous reste à faire, à vous Mesdames et à vous Messieurs. Ce n'est
pas assez d'écouter, d'applaudir, avec une sympathie dont je suis
vivement touché, un conférencier qui arrive de La Haye et qui vient
vous faire cette visite ; il faut, si vous ne voyez pas en moi un
dilettante, un politicien ou un charlatan, que vous fassiez vous aussi
votre devoir de propagande et que vous semiez, à votre tour, tout le
bien que vous pouvez faire. Aujourd'hui ce n'est plus le gouvernement qui mène l'opinion, c'est l'opinion qui mène le gouvernement. Si l'opinion y était opposée, il n'y aurait pas un gouvernement
qui oserait faire une guerre injuste. N'êtes-vous pas fiers, n'avez-
vous pas consience de la grandeur du rôle qui vous est réservé ?
Je ne vous parle pas seulement des joies que vous éprouverez, si,
grâce à vous, moins grand est le nombre des veuves, des orphelins,
des mères éplorées, si le fléau de la guerre fait verser moins de
milliards, moins de sang innocent, moins de larmes ; non, je ne parle
pas de cette joie seulement, car il y a quelque chose de plus grand et
de plus doux encore, c'est le sentiment du devoir que vous aurez
accompli ; oui, vous aurez fait votre devoir, votre devoir envers la
France, envers la civilisation, envers l'humanité. Oui, vous pouvez
servir la France en la maintenant toujours à sa vraie place, la seule
qui lui convienne, à la tête des autres nations dans la lutte pour les
nobles causes, pour la défense des grandes idées, des principes nobles et
généreux. La France, quoi qu'on puisse dire, n'a pas failli à sa mission,
à la conférence de la paix. Certes, on peut discuter les résultats que je
viens de vous exposer, mais personne ne niera que le rôle de la
France ait été vraiment bienfaisant. Et n'est-ce pas une consolation
pour vous tous, un nouveau motif d'espérance, de savoir que la France
déchirée comme elle l'a été, comme elle l'est encore à l'intérieur,
a pu néanmoins exercer cette action bienfaisante à l'étranger et
conquérir de nouveaux titres à la reconnaissance de l'humanité ?

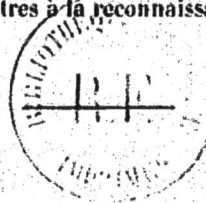

LYON

IMPRIMERIE A. STORCK & Cⁱᵉ

8, Rue de la Méditerranée, 8

www.ingramcontent.com/pod-product-compliance
Lightning Source LLC
Chambersburg PA
CBHW060718280326
41933CB00012B/2473